PRAKTISCHE GIDS VOOR SQL-PROGRAMMERING VOOR BEGINNERS.

Vrolijk

5

Wat is SQL (Structured Query Language)?

Een gedefinieerde programmeertaal genaamd SQL, wat staat voor Structured Query Language, wordt gebruikt om relationele databases te beheren en verschillende bewerkingen uit te voeren op de gegevens die ze bevatten. Oorspronkelijk ontwikkeld in de jaren 70, wordt SQL vaak gebruikt door databasebeheerders, programmeurs die scripts voor gegevensintegratie maken en gegevensanalisten die analytische query's configureren en uitvoeren.

De volgende SQL gebruikt:

Met relationele databasebeheersystemen (RDBMS) kunnen gebruikers databasetabellen en indexstructuren wijzigen, gegevensrijen toevoegen, bijwerken en verwijderen en subsets van informatie ophalen. Deze acties kunnen worden gebruikt voor transactieverwerking, analytische toepassingen en andere toepassingen die interactie met een relationele database vereisen.

Gebruikers kunnen informatie in databasetabellen toevoegen, wijzigen of ophalen met behulp van SQL-query's, evenals andere bewerkingen die normaal gesproken de vorm van opdrachten aannemen.

Het meest elementaire onderdeel van een database is een tabel, die rijen en kolommen met gegevens bevat. Elk record wordt beheerd in een enkele tabelrij en is opgenomen in een enkele tabel. Het meest voorkomende type relationele database-element of -structuur waarin gegevens worden opgeslagen of waarnaar wordt verwezen, zijn tabellen. Hier volgen enkele andere soorten database-items:

Informatie in een of meer gegevenstabellen wordt logisch weergegeven door weergaven.
Het opzoeken van databases kan worden versneld met behulp van geïndexeerde opzoektabellen.
Informatie uit bepaalde tabellen, meestal een element van die informatie geselecteerd op basis van zoekcriteria, wordt gebruikt om rapporten te genereren.
Elke rij in een tabel bevat een gegevenswaarde voor de rij die deze doorsnijdt, en elke rij in een tabel komt overeen met een

gegevenstype, zoals de naam of het adres van een klant.

Waar is de SQL Server-gegevensbron?

Open het project of maak verbinding met de database die de gegevensbronweergave bevat die u wilt gebruiken om gegevens te zoeken in SQL Server Data Tools. Dubbelklik op de gegevensbronweergave nadat u de map Gegevensbronweergaven in Solution Explorer hebt uitgevouwen.

Hoeveel SQL-gegevensbronnen worden er gemaakt?

Open Systeembeheer in het Configuratiescherm en kies tussen ODBC-gegevensbronnen (64-bits) en ODBC-gegevensbronnen (32-bits). U kunt ook odbcad32.exe uitvoeren. Klik op Toevoegen nadat u het tabblad Gebruikers-DSN,

Computer-DSN of Bestands-DSN hebt geselecteerd. Klik op Voltooien nadat u SQL Server hebt geselecteerd.

SELECT-instructie in SQL Server.

Aan de hand van terminologie en voorbeelden laat deze SQL Server-les zien hoe u de SELECT-instructie in Transact-SQL gebruikt.

Beschrijving

Gebruik de opdracht SELECT in SQL Server (Transact-SQL) om gegevens op te halen uit een of meer rijen in een SQL Server-database.

syntaxis

De basissyntaxis van de SQL Server (Transact-SQL) SELECT-instructie is als volgt:

SELECTEER   UIT
tabellenverklaringen   [WHERE-
beperkingen];
Voor SQL Server (Transact-SQL) is de volledige SELECT-querysyntaxis echter:

Selecteer "ALLES | ENKEL"
[/TOP   (topwaarde)   [%]
tabeluitdrukkingen [MET LOOPS]
[WAAR omstandigheden]
Uitdrukkingen zijn gegroepeerd op.
(VOORWAARDELIJK)

[BESTELLEN OP FORMULE] ; [ASC | BESCHRIJVING]

WHERE-component in SQL
De WHERE-component in SQL
Records kunnen worden gefilterd met behulp van de WHERE-component.

Het doel is om alleen records te extraheren die aan een specifieke vereiste voldoen.

SELECTEER kolom1, kolom2,... UIT tabelnaam WHERE voorwaarde; Opmerking: de WHERE-clausule wordt gebruikt in UPDATE, DELETE, enz. evenals SELECTEER!

databank tonen
Hier volgen enkele voorbeelden uit de tabel Klanten in de voorbeelddatabase Noordenwind:

Klant-ID   Klantnaam Contactpersoon Naam Adres Stad Postcode Land 1

The Futterkiste, Alfred57 Maria Anders Obere Str., Berlijn, Duitsland, 12209 Ana Trujillo's Sandwiches en HeladosAna Trujillo

Avenue of the Constitution 2222 Mexico, DF 05021 MexicoJonathan Moreno TaqueraMexico 4 Antonio Moreno Mataderos 2312 Mexico DF 05023

From Horn to Horn120 Hanover Square, London, WA1 1DP, Verenigd KoninkrijkBerglunds Quick RentalsBerguvsvägen 8 Christina Berglund/.

WHERE-componentoperatoren

De WHERE-component ondersteunt het gebruik van de volgende operatoren:

Operator Beschrijving Voorbeeld = Gelijk aan > Groter dan Kleiner dan >= Groter dan of gelijk aan = Kleiner dan of gelijk aan > Niet gelijk aan. Opmerking: Deze operator kan als volgt worden geschreven: in

verschillende versies van SQL.=
BETWEEN In een opgegeven bereik
AS Komt overeen met een IN-
patroon om de potentiële waarden
van een kolom op verschillende
manieren aan te geven.

CAS naar SQLServer

Eenvoudige CASE-expressie voor
SQL Server

De basissyntaxis van de CASE-
expressie wordt hieronder
weergegeven:

Een CAS-vermelding

WANNEER voor DAN rn, dan e1,
DAN r1, dan e2, DAN r2, enz.
ANDERS her] EINDE

De eenvoudige CASE-expressie
bepaalt of een expressie (ei) in elke
WHEN-clausule en de
invoerexpressie (input) equivalent
zijn. Het resultaat (ri) in de
corresponderende THEN-

component wordt geretourneerd als de invoerexpressie overeenkomt met een expressie (ei) in de WHEN-component.

De CASE-expressie retourneert de waarde van de ELSE-component (re) als de invoerexpressie niet overeenkomt met een andere expressie, op voorwaarde dat de ELSE-component beschikbaar is.

De CASE-expressie retourneert NULL als de ELSE-component is weggelaten en de invoerexpressie niet overeenkomt met een expressie in de WHEN-component.
Leg SQL JOINS-typen uit met voorbeelden

VERBIND de basis

Gegevens worden opgeslagen in meerdere tabellen die met elkaar zijn verbonden door een gemeenschappelijke sleutelwaarde in relationele databases zoals onder andere SQL Server, MySQL en Oracle. Soms moet u gegevens uit een willekeurig aantal tabellen samenvatten in één resultatentabel. De SQL JOIN-component in SQL Server vereenvoudigt dit.

Op basis van de logische verbindingen tussen de tabellen wordt de JOIN SQL-instructie gebruikt om de gegevens uit verschillende tabellen op te halen en op te vragen.

Met andere woorden, JOINS specificeert hoe een SQL-server items uit een andere database moet selecteren op basis van informatie uit een andere bron.

Er zijn verschillende soorten JOIN's in SQL Server, waaronder INNER JOIN, LEFT OUTER JOIN, RIGHT OUTER JOIN, SELF JOIN en CROSS JOIN.

Eenvoudige typen SQL-joins

Een van de vele typen joins die door SQL Server worden aangeboden, zijn INNER JOIN, Internal JOIN, Crossover JOIN en OUTER JOIN. In feite beschrijft elk type join hoe twee tabellen worden samengevoegd in een query. Andere subcategorieën van outer joins zijn FULL OUTER JOINS, RIGHT OUTER JOINS en LEFT OUTER JOINS.

- De functie SQL INNER JOIN voegt records uit twee of meer tabellen met overeenkomende waarden samen om een resultatentabel te maken.

- Een LEFT OUTER JOIN-query bevat niet-overeenkomende elementen uit de opgegeven tabel vóór de clausule LEFT OUTER JOIN in de geretourneerde tabel.

- De resultaattabel geproduceerd door SQL RIGHT OUTER JOIN bevat alle gegevens uit de rechtertabel en alleen de geaccepteerde rijen uit de linkertabel.

- Door dezelfde tabel met zichzelf samen te voegen, maakt de SQL SELF JOIN-procedure een rij-voor-rij vergelijking binnen dezelfde tabel mogelijk.

- De CROSS JOIN SQL-procedure creëert een resultaattabel die overeenkomende paren bevat voor elk item in de eerste tabel en elke rij in de tweede tabel.

ARTICULATIE

Gegevens uit beide tabellen worden opgehaald met de opdracht INNER JOIN, die alleen records of rijen met overeenkomende waarden retourneert.

In ons voorbeeld willen we verkoopgegevens krijgen. Productie en

SalesOrderDetail.Producttabellen die SOD for Sales gebruiken als alias voor productie- en verkooporderdetails. Producten. We vergelijken de records van deze kolommen in het JOIN-statement. Merk op hoe SQL Complete omgaat met code-aanbevelingen.

Verkenning en aggregatie van SQL Server-gegevens.

probleem

Bij het verwerken van transactiegegevens die zijn opgeslagen in SQL Server met behulp van R voor statistische redenering, zijn gegevensverkenning en -aggregatie twee cruciale componenten. Het verkennen van gegevens met behulp van datawetenschapstalen zoals R omvat vaak het filteren, sorteren, transformeren, aggregeren en visualiseren van gegevens. Er zijn veel manieren om deze functies te implementeren. Met name voor gegevensverwerking is vaak het gebruik van veel bibliotheken vereist, waardoor ontwikkelaars al deze bibliotheken moeten leren kennen. Als er een flexibel pakket zou zijn dat zou kunnen fungeren als een Zwitsers zakmes en veel datatransformatiefuncties in dezelfde bibliotheek zou kunnen uitvoeren, zou het voor ontwikkelaars die nieuw zijn in datawetenschap gemakkelijker worden om hun werk gedaan te krijgen. Gedetailleerde informatie over dit pakket vindt u in deze tweedelige gids.

Oplossing

Initiatieven op het gebied van datawetenschap kunnen enorm profiteren van de vele opties voor gegevensmanipulatie die worden geboden door het pakket dplyr R. Het bevat een reeks nuttige werkwoorden voor het opschonen, organiseren, visualiseren en analyseren van gegevens. Om deze taken uit te voeren, kunt u het dplyr-pakket van de programmeertaal R. Wanneer u te maken heeft met grote datasets, wordt het niet aanbevolen om deze op te slaan in R; In plaats daarvan moeten de gegevens worden verzameld van SQL Server en worden verwerkt met een R-tool zoals dplyr.

omschrijven

het verkennen, manipuleren en visualiseren van basisgegevens. Met behulp van SQL Server en R kijken we naar de verschillende functies voor gegevensbeheer van dplyr.

Initiële setup, data-setup, R-setup in SQL Server en de basisfuncties voor sorteren, filteren en datamixen die door het dplyr-pakket worden ingeschakeld, worden behandeld in deel 1 van deze serie.

In deel 2 leren we over enkele van de complexere dplyr-methoden, waaronder data-aggregatie, functieketening en elementaire datamining-mapping.
Windows SQL Server Overzicht van SQL-vensterfuncties
Een enkele uitvoerregel wordt gemaakt door berekeningen van meerdere uitvoerregels te combineren met behulp van statistische functies.

De aggregatiefunctie SUM() wordt gebruikt in de volgende query om de totale beloning van alle werknemers in het bedrijf te krijgen:

De programmeertaal SQL (Structured Query Language) wordt gebruikt om SUM(salary)

sum_salary FROM Workers te SELECTEREN.
Dit is wat er gebeurde:

Elke rij in de werktabel is samengevoegd tot één rij, zoals te zien is in de uitvoer.

Een vensterfunctie voert berekeningen uit op een reeks rijen, zoals een aggregatiefunctie. Het combineren van meerdere uitvoerregels tot één gebeurt echter niet bij gebruik van een vensterfunctie.

De vensterfunctie SUM() wordt gebruikt in de volgende query. Naast de salarissen van elke individuele werknemer wordt ook het totale salaris van alle werknemers bepaald:

VOOR naam, achternaam, salaris en som_salaris VAN de werknemer;
SUM(salaris) OVER();
Syntaxis van SQL-vensterfunctie
Vensterfuncties hebben de volgende syntaxis:

Structured Query Language (SQL) wordt gebruikt in de expressies van de Windows OVER-functienamen (frame_clause, order_clause en partition_clause).
naam van de vensterfunctie

de naam van een beschikbare vensterfunctie, bijvoorbeeld B. SUM(), ROW_NUMBER() of RANK().

Uitdrukking

de kolom of doelexpressie waarop de vensterfunctie werkt.

volledige zin

De volgorde van rijen in een partitie wordt gespecificeerd door de OVER-clausule, die vensterpartities definieert om rijgroepen te maken. De deel-, bestel- en frameclausules vormen de OVER-clausule.

De partitieclausule die de rijen splitst, gebruikt het venster. De syntaxis is als volgt:

De volledige gegevensset wordt beschouwd als een enkele partitie als de SPLIT BY-clausule wordt weggelaten. BY expr1, expr2, PARTITION BY... is SQL of gestructureerde querytaal, gecodeerde taal.

De regels van een partituur waarop de vensterfunctie wordt toegepast, worden vermeld in de volgordeclausule:

BESCHRIJVEN DOOR FORMULE De gestructureerde querytaal, "[ASC|DESC]," [NULL LAST|NULL FIRST] is een programmeertaal.
Een element van deze partitie is een frame. Een van de volgende syntaxis wordt gebruikt om het frame te definiëren:

Frame_start regels tussen Frame_Start en Frame_End in ARRAY | SERIE RUIMTE | LIJNEN
De gebruikte programmeertaal is Structured Query Language (SQL) en frame_start kan een van de volgende waarden aannemen:

N PRIOR ONBINDED PREVIOUS is de lijn die momenteel in gebruik is. Het einde van het frame is een van de volgende parameters in de programmeertaal SQL (Structured Query Language):

EEN DOORLOPENDE LIJN NA N HEEFT GEEN RANDEN.

Bewerkingen met datum SQL Gegevens SQL

Zolang uw gegevens alleen de gegevenscomponent bevatten, zullen uw query's zich gedragen zoals verwacht. Maar als je een tijdselement toevoegt, wordt het moeilijker.

SQL-datumgegevenstypen
MySQL biedt de volgende soorten informatie voor het opslaan van een datum- of tijdwaarde en locatie in een database:

Het datumformaat is JJJJ-MM-DD.
De tijdnotatie voor datums is UU:MI:SS JJJJ-MM-DD.
TIMESTAMP - Stijl: UU:MI:SS JAAR JJ of JJJJ-MM-DD
Om een datum- of tijdwaarde in de database op te slaan, biedt SQL Server de volgende gegevenstypen:

Het datumformaat is JJJJ-MM-DD.

De tijdnotatie voor datums is UU:MI:SS JJJJ-MM-DD.

De TIMESTAMP-notatie voor SMALLDATETIME is UU:MI:SS JJJJ-MM-DD, wat een enkel geheel getal is.

Onthoud: datumtypes worden gekozen voor een kolom wanneer u een nieuwe tabel in uw database maakt!

Datums gebruiken in SQL
Zie onderstaande tabel:

Besteltabel 1 Bestel-ID Productnaam Besteldatum 2008-11-11 Geitost 09/11/2008 Pierrot 2 Camembert Mascarpone 29-10-2008 3 Giovanni's Mozzarella 11-11-2008 3 Fabioli

Python Exploratory Data Analysis (EDA) met SQL

Verkennende data-analyse (EDA) maakt gebruik van statistische grafieken samen met aanvullende datarepresentatiemethoden om datasets te analyseren en hun belangrijkste eigenschappen te benadrukken. EDA wordt meestal gebruikt om te onderzoeken wat de gegevens ons vertellen buiten officiële modellen of hypothesetesten, maar andere statistische modellen kunnen al dan niet worden gebruikt.

nou ja, altijd...

Item

Fitbit-gegevens worden zorgvuldig beoordeeld. De belangrijkste resultaten worden uitgelicht en besproken. Voor de hier gepresenteerde studie werden 940 datapunten verzameld van 33 verschillende gebruikers.

Terwijl je dit artikel leest, wil ik dat je de logica en mentaliteit achter het schrijven van code begrijpt.

Eerst brengen we minuten en mijlen in kaart op basis van het activiteitenniveau van elke persoon om een overzicht te krijgen van hun levensstijl.

Waarom zou ik een EDA doen?

Ik denk dat een betere query zou zijn:

Wanneer zou u geen gebruik willen maken van EDA?

EDA is een van de belangrijkste stappen in datawetenschap en stelt ons in staat om specifieke inzichten en statistische maatregelen te verkrijgen uit de gegevens waarmee we werken. Voor een onbeperkte lijst van gebruikers zoals bedrijfsleiders, belanghebbenden, datawetenschappers, enz. is dit cruciaal.

EDA helpt datawetenschappers bij het definiëren en verfijnen van de selectie van kritieke kenmerkvariabelen die worden gebruikt in het ongetrainde machine learning-model.

We gebruiken enkele FitBit-gegevens in dit verhaal om ons punt te illustreren.

Datawetenschappers, statistici, artsen, fysiologen en psychologen, om maar een paar gebieden van academisch onderzoek te noemen, zijn geïnteresseerd in het bestuderen van gegevens van fitnesstrackers. Het vinden van correlaties in complexe tijdreeksgegevens, zoals de FitBit Fitness Tracker, kan helpen bij het opsporen van trends in het dagelijks leven en afwijkingen van die patronen.

Hoe SQL gebruiken voor data-analyse?

- SQL-training voor gegevenswetenschap
- SQL Basics in Stage 1. U leest databases en analyseert

gegevens op basis van uw use case als datawetenschapper.

- Aggregaties in stap 2.
- Stap 3: sorteren en groeperen.
- Stap vier: Doe mee.
- Vijfde stap: subquery's.
- Stap 6: Gebruik SQL om zakelijke problemen op te lossen.
- Vensterfuncties zijn de zevende stap.

WAAR moet ik complexe SQL-query's oefenen?

Een uitgebreide cursus vensterfuncties met meer dan 200 interactieve oefeningen is beschikbaar op LearnSQL.com. Werkt met MS SQL Server, MySQL 8 en PostgreSQL.

Wat doen mooie SQL-query's?

LearnSQL.com - Wat is geavanceerde SQL?

Volgens dit antwoord worden kolomselectie, aggregatiefuncties zoals MIN() en MAX(), CASE WHEN-statement, JOINS, WHERE-component, GROUP BY, variabele-instelling en subquery's allemaal behandeld in AdvancedSQL. Het antwoord hieronder classificeert de meeste van deze onderwerpen echter als elementair of, op zijn best, intermediair.

Hoe kan ik mijn gecompliceerde SQL-query's efficiënter maken?

Query's moeten zo worden afgesteld dat ze de minste negatieve invloed hebben op de databaseprestaties.

Bepaal eerst uw zakelijke behoeften.

In plaats van SELECT * te gebruiken, gebruikt u SELECT-velden....

Vermijd het gebruik van SELECT DISTINCT.

Maak joins met INNER JOIN in plaats van WHERE.

Gebruik WHERE in plaats van HAVING om filters te maken.

Jokertekens mogen alleen aan het einde van zinnen worden gebruikt.

SQL gebruiken om een machine learning (ML)-model te bouwen.
Ondersteunt SQL machine learning?

Machinaal leren met SQL

SQL maakt het gemakkelijk om relatierecords die veel voorkomen in records te laden, op te schonen, te inspecteren en op te halen. Dus of u nu een nieuw lerend netwerk opzet of werkt aan ETL voor een bestaand systeem, SQL is een handig hulpmiddel en een cruciaal onderdeel van machine learning.

Hoeveel records worden er gemaakt met behulp van SQL?

1. Dragen
2. Klik op de pagina Bibliotheek op Gegevens importeren.
3. Selecteer een verbinding op het scherm Gegevens importeren.
4. Zoek de tabel die u uit uw bron wilt importeren.
5. Klik op de knop Voorbeeld om de kolommen in de dataset te bekijken.
6. Klik op de knop Record maken met behulp van SQL.
7. Het veld aan de rechterkant bevat nu het gewijzigde lettertype.

Hoe creëer je een dataset voor analyse?

Klik in het SAP-gegevenspaneel op het pictogram Deal Builder. Selecteer vervolgens "Nieuwe analytische dataset". Selecteer de gegevenseenheid die u voor dit record wilt gebruiken. Klik op de entiteit die u wilt gebruiken of gebruik de bovenste zoekbalk van het pop-upvenster om ernaar te zoeken.

Hoe creëer je een dataset voor analyse?

Klik in het SAP-gegevenspaneel op het Business Builder-pictogram. Selecteer vervolgens "Nieuwe analytische dataset". Selecteer de gegevenseenheid die u voor dit record wilt gebruiken. Klik op de entiteit die u wilt gebruiken of gebruik de bovenste zoekbalk van het pop-upvenster om ernaar te zoeken.

Hoe kunnen gegevens in SQL worden gewijzigd?

SQL Server Management Studio gebruiken

Om de rijen op te halen die u wilt wijzigen, moet u mogelijk de SELECT-instructie in het SQL-venster bewerken. Zoek in het resultatenvenster de regel die moet worden bewerkt of verwijderd. Klik met de rechtermuisknop op de rij en kies Verwijderen om deze te verwijderen. Bewerk kolomgegevens om wijzigingen aan te brengen in een of meer kolomgegevens.

Wat betekent het wijzigen van SQL-gegevens?

Het bewerken van gegevens is fundamenteel anders dan het doorzoeken van gegevens. Het onderzoeken van de inhoud van tabellen is een noodzakelijke stap bij het opvragen van gegevens. Om bij de gegevens te passen, moet de inhoud van de tabel worden gewijzigd. Wijzig de gegevens in uw database. lijnen aftrekken.